DEVOCIONAL

AS QUATRO ESTAÇÕES
COM DEUS

DEVOCIONAL

AS QUATRO ESTAÇÕES COM DEUS

ANDREA NIEVES

VOL. 1

JANEIRO A MARÇO

Devocional As Quatro Estações Com Deus - vol. 1
by Andrea Nieves

Nieves, Andrea.

N682   Devocional as quatro estações com Deus / Andrea Nieves. -1. ed. :

Ed. do Autor, 2022

207 p. - (Devocional as quatro estações com Deus ; v.1)

Inclui bibliografia.

ISBN 979-83-9321-583-5

1. Devoção 2. Vida Cristã

I. Título II. Nieves, Andrea

CDD 200

Índice para catálogo sistemático:
1. Devoção 200

DEDICATÓRIA

Dedico este devocional ao meu mestre Jesus Cristo, que é o meu Senhor e Salvador, por conduzir a minha vida por suas sendas.

Obrigada, Senhor!

AGRADECIMENTOS

A Deus, por fazer parte da minha vida e por ter me inspirado a escrever este devocional.

Ao meu marido, meu amor e companheiro de jornada, que sempre me apoiou em tudo que faço.

Aos meus filhos amados, presentes de Deus na minha vida.

Aos meus pais; obrigada por tudo que fizeram por mim.

À minha avó querida, meu exemplo de amor e de determinação.

A todos que fizeram e fazem parte da minha vida, direta ou indiretamente.

Que Deus os abençoe grandemente!

SUMÁRIO

INTRODUÇÃO

Este livro nasceu de um projeto que Deus colocou no meu coração de levar a palavra de Deus diariamente por meio de vídeos e mensagens.

Durante essa jornada, Deus colocou mais um desejo em meu coração, o de transformar esse projeto em um devocional. Assim, comecei a dar os passos para que este devocional nascesse.

A cada dia, fui escrevendo e aprendendo mais com Deus. Foi um trabalho muito gratificante, pois Deus trabalha primeiro em mim, para, depois, poder trabalhar no outro.

Eu espero que este devocional seja o seu companheiro diário, o seu livro de cabeceira, que lhe permitirá dedicar alguns minutos das suas 24 horas do dia, para o seu momento íntimo com Deus.

Escolha um lugar tranquilo, em que você possa voltar a sua atenção exclusivamente para Deus; é um momento seu e Dele – na minha opinião, o momento mais importante do seu dia.

A coleção de devocionais é dividida em quatro volumes: de janeiro a março, de abril a junho, de julho a setembro e de outubro a dezembro. Este é o primeiro volume. Adquira todos, para que você possa ler a coleção completa, todos os dias do ano.

19

As mensagens estão divididas em quatro partes:

1ª parte: palavra de Deus – citações que representam o seu "alimento" diário;

2ª parte: reflexão – reflexão que Deus colocou no meu coração. No seu momento de leitura, talvez Ele coloque em seu coração outras reflexões; então, aproveite esse tempo para deixar o Senhor falar com você;

3ª parte: oração – inspirações para você incluir em sua oração diária, mas sinta-se à vontade para orar a Deus da sua maneira;

4ª parte: tarefa – práticas que ajudarão você a melhorar tanto em relação a si mesmo quanto com os demais à sua volta.

No final de cada mês, há uma sugestão de oração. No entanto, reiterando o que eu disse antes, sinta-se à vontade para fazê-la como o seu coração determinar.

Gratidão por você ter adquirido este devocional.

Que Deus o(a) abençoe grandemente!

01 de janeiro

O SENHOR ESCREVERÁ O SEU NOME NO LIVRO DA VIDA

"Se, com a tua boca, confessares Jesus como Senhor e, em teu coração, creres que Deus o ressuscitou dentre os mortos, serás salvo."

Romanos 10:9

Aproveite esse primeiro dia do ano para permitir que Deus faça parte da sua vida.

Se você ainda não aceitou Jesus como Senhor e Salvador, mas crê, de todo o seu coração, que Jesus é filho de Deus e veio entre nós, foi crucificado e ressuscitou entre os mortos, faça a seguinte oração:

Eu *[fale o seu nome]* aceito Jesus Cristo como meu único e suficiente Salvador, eu reconheço que sou pecador e venho diante da Sua presença pedir perdão por todos os meus pecados. Entre no meu coração, na minha vida, escreva o meu nome no livro da vida.

Senhor meu Deus, eu quero segui-lo por toda a vida e amá-lo de todo o meu coração.

Caso você já tenha aceitado Jesus como Senhor e Salvador, reflita sobre a importância Dele fazer parte de sua vida.

"Respondeu Jesus: 'Eu sou o caminho, a verdade e a vida. Ninguém vem ao Pai, a não ser por mim.'"

João 14:6

"Não há salvação em nenhum outro, pois, debaixo do céu não há nenhum outro nome dado aos homens pelo qual devamos ser salvos."

Atos 4:12

"Porque Deus tanto amou o mundo que deu o seu Filho Unigênito para que todo o que Nele crer não pereça, mas tenha a vida eterna."

João 3:16

"Porque pela graça sois salvos, por meio da fé; e isto não vem de vós, é dom de Deus. Não vem das obras, para que ninguém se glorie."

Efésios 2:8-9

Tarefa do dia: tire o dia de hoje para agradecer. Faça uma lista de todas as coisas que Deus já fez por você e agradeça cada item da sua lista. Comece o ano de uma maneira diferente: agradecendo!

_____

_____

_____

_____

_____

_____

_____

_____

_____

_____

_____

_____

_____

_____

_____

_____

_____

_____

_____

_____

_____

_____

_____

_____

_____

_____

_____

_____

_____

_____

_____

_____

_____

_____

Que o seu novo ano seja repleto da presença de Deus e que Deus o(a) abençoe grandemente!

02 de janeiro

DEUS DESEJA REALIZAR GRANDES COISAS EM SUA VIDA

"Àquele que é capaz de fazer infinitamente mais do que tudo o que pedimos ou pensamos, de acordo com o Seu poder que atua em nós."

Efésios 3:20

Não limite o poder de Deus.

Deus é todo-poderoso e fará infinitamente mais do que você pode imaginar. Deus deseja realizar grandes coisas em sua vida, mas, para isso, você precisa acreditar e confiar.

Creia Nele e tenha certeza de que tudo dará certo em sua vida.

Oração: agradeça a Deus por Ele ser poderoso e poder realizar grandes coisas em sua vida. Agradeça por mais um dia, mais um mês, mais um ano, mais uma oportunidade.

Tarefa do dia: escreva um motivo pelo qual você é grato(a) hoje:

_____

_____

Que você tenha um excelente dia e que Deus o(a) abençoe grandemente!

03 de janeiro

O SENHOR GUARDARÁ VOCÊ DE TODO MAL

"Porque Tu, ó Senhor, és o meu refúgio.
No Altíssimo fizeste a tua habitação.
Nenhum mal te sucederá, nem
praga alguma chegará à tua tenda."

Salmos 91:9-10

Ainda que tudo a sua volta não lhe dê segurança,
ainda que tudo pareça estar tão difícil, Deus é o seu refúgio
em todos os momentos e em qualquer circunstância.
Ele está no controle de todas as situações, não
tema. O Senhor guardará você de todo o mal.
Acredite na proteção de Deus em sua vida.

Oração: agradeça a Deus por Ele ser o seu refúgio nesse e
em todos os momentos da sua vida.

Tarefa do dia: escreva um motivo pelo qual você é grato(a) hoje:

_____

_____

Que você tenha um excelente dia e que Deus o(a) abençoe grandemente!

04 de janeiro

TODOS OS SEUS PLANOS DARÃO CERTO

"Pense bem no que você vai fazer, e todos os seus planos darão certo. Evite o mal e caminhe sempre em frente; não se desvie nem um só passo do caminho certo."

Provérbios 4:26,27

Pense antes de agir, siga o caminho do Senhor, não se deixe levar pelos caminhos que afastam você de Deus, pense bem antes de dar cada passo.

Ore, reflita sobre as suas decisões, não se precipite, caminhe em retitude e tudo dará certo em sua vida.

Oração: ore a Deus agradecendo por mais um dia; peça a Ele que guie os seus passos, para que você não se desvie nem para a direita nem para a esquerda, para que você possa fazer tudo conforme a vontade Dele.

Tarefa do dia: escreva um motivo pelo qual você é grato(a) hoje:

_____

_____

Que você tenha um excelente dia e que Deus o(a) abençoe grandemente!

05 de janeiro

PENSE POSITIVO, PENSE NO QUE VOCÊ QUER

"Quero trazer à memória o que me pode dar esperança."

Lamentações 3:21

Pense positivo, pense no que você quer, pense no que lhe dá esperança, não ocupe a sua mente com pensamentos negativos.

Tenha esperança em Deus e Ele surpreenderá você!

Oração: ore a Deus agradecendo pela sua vida; peça a Ele que tire todos os seus pensamentos negativos e tudo o que lhe tira a esperança; peça a Ele que encha o seu coração de esperança hoje e sempre.

31

Tarefa do dia: escreva um motivo pelo qual você é grato(a) hoje:

_____

_____

Que você tenha um excelente dia e que Deus o(a) abençoe grandemente!

06 de janeiro

ORE, PEÇA, CONFIE E RECEBA A CURA

"Ele cura os que têm o coração partido e trata dos seus ferimentos."

Salmos 147:3

Entregue nas mãos de Deus a sua dor, Ele é o médico dos médicos e lhe trará refrigério para a sua alma. Só Ele pode curar toda a enfermidade, só Ele pode tratar dos seus ferimentos, só Ele pode lhe dar a cura física, mental e espiritual.

Ore, peça, confie, e receba a cura!

Oração: agradeça a Deus por tudo o que Ele já fez em sua vida. Peça a Ele que traga a cura, em todas as áreas da sua vida. Peça a cura para uma pessoa da família, para um amigo, para aqueles que estão nos hospitais. Peça a cura para o médico dos médicos.

Tarefa do dia: escreva um motivo pelo qual você é grato(a) hoje:

_____

_____

Que você tenha um excelente dia e que Deus o(a) abençoe grandemente!

07 de janeiro

GUARDE SOMENTE COISAS BOAS NO SEU CORAÇÃO

"Sobre tudo o que se deve guardar, guarde o coração, porque dele procedem as fontes da vida."

Provérbios 4:23

O seu coração é o centro dos seus sentimentos, das suas emoções e das suas vontades.

Você precisa fazer um filtro do que quer manter em seu coração. Peça a Deus que guarde o seu coração de tudo o que afasta você da Sua presença.

Guarde somente coisas boas no seu coração e desfrute do melhor que Deus tem para você!

Oração: agradeça a Deus pelas oportunidades; peça a Ele que limpe o seu coração, que tire tudo o que não lhe faz bem, e, assim, encha o seu coração com a palavra de Deus.

Tarefa do dia: escreva um motivo pelo qual você é grato(a) hoje:

_____

_____

Que você tenha um excelente dia e que Deus o(a) abençoe grandemente!

08 de janeiro

A SUA VITÓRIA JÁ FOI GARANTIDA

"Não tremam, não tenham medo; acaso não lhes anunciei meus propósitos há muito tempo?
Vocês são minhas testemunhas: há outro Deus além de mim?
Não! Não há nenhuma outra rocha, nenhuma sequer!"

Isaías 44:8

Não tenha medo, não duvide dos propósitos de Deus para sua vida. O Senhor não decepcionará você, tudo o que Ele promete, Ele cumprirá.

Tenha esperança, confie em Deus, pois a sua vitória já foi garantida!

Oração: ore a Deus agradecendo por todas as coisas que Ele já fez em sua vida. Peça a Ele que tire do seu coração toda a dúvida, todo o medo. Peça a Ele que encha o seu coração de confiança e de esperança no cumprimento das promessas Dele em sua vida.

Tarefa do dia: escreva um motivo pelo qual você é grato(a) hoje:

_____

_____

Que você tenha um excelente dia e que Deus o(a)

abençoe grandemente!

09 de janeiro

ACREDITE EM DEUS, CONFIE, PERSEVERE, E VOCÊ COLHERÁ BONS FRUTOS

"Como é grande a colheita que vem da Tua bondade!
Por onde passas, há fartura. Os pastos estão cobertos de
rebanhos, e os montes se enchem de alegria."

Salmos 65:11-12

Deus é um Deus de abundância, Ele suprirá todas as suas necessidades, em todas as áreas da sua vida.

Acredite Nele, confie, persevere, e você colherá bons frutos.

Oração: ore agradecendo a Deus pela vida; peça a Ele que dê certeza em seu coração de que Ele é um Deus de abundância, e não de escassez; que Ele tire todos os pensamentos que limite o poder Dele em sua vida e tire todos os pensamentos de escassez.

Tarefa do dia: escreva um motivo pelo qual você é grato(a) hoje:

_____

_____

Que você tenha um excelente dia e que Deus o(a)

abençoe grandemente!

10 de janeiro

ENTREGA + CONFIANÇA = REALIZAÇÃO

"Entregue o seu caminho ao Senhor; confie Nele e Ele agirá."

Salmos 37:5

Entregue nas mãos de Deus todos os seus planos, sonhos e projetos, confie Nele e o mais Ele fará.

Entrega + confiança = realização

Oração: agradeça a Deus por sua vida e entregue a Ele todos os seus planos, sonhos e projetos; peça a Ele que aumente a sua confiança, pois Ele agirá a seu favor.

Tarefa do dia: escreva um motivo pelo qual você é grato(a) hoje:

_____

_____

Que você tenha um excelente dia e que Deus o(a) abençoe grandemente!

11 de janeiro

CLAME A DEUS

"Quando clamei, Tu me respondeste; deste-me força e
coragem."

Pare de reclamar e murmurar; vá diretamente à
fonte, e Ele lhe responderá, lhe dando força e coragem para
enfrentar todos os obstáculos presentes em sua vida hoje.
Clame a Deus e Ele lhe responderá!

Oração: ore a Deus por Ele ouvir o seu clamor e clame a
Ele, colocando diante do trono todas as suas petições e
aflições, toda a sua carga e sua ansiedade.

Tarefa do dia: escreva um motivo pelo qual você é grato(a) hoje:

_____

_____

Que você tenha um excelente dia e que Deus o(a) abençoe grandemente!

12 de janeiro

TENHA GRATIDÃO EM TODAS AS CIRCUNSTÂNCIAS

"Regozijai-vos sempre. Orai sem cessar. Em tudo dai graças, porque esta é a vontade de Deus em Cristo Jesus para convosco."
1 Tessalonicenses 5:16-18

Tenha gratidão em todos os momentos e em todas as circunstâncias. Deus nos presenteia com a vida diariamente, temos esse presente nas mãos a cada dia, e Ele nos dá a liberdade de aproveitar esse presente da melhor maneira possível.

Por mais que, muitas vezes, as coisas não estejam exatamente como imaginamos ou queremos, há sempre muitos e muitos motivos para agradecer.

Nada melhor do que começar o seu dia agradecendo.

Oração: ore a Deus agradecendo por todas as bênçãos que Ele já lhe deu; agradeça e agradeça.

Tarefa do dia: escreva um motivo pelo qual você é grato(a) hoje:

_____

_____

Que você tenha um excelente dia e que Deus o(a) abençoe grandemente!

13 de janeiro

NO TEMPO DE DEUS O MELHOR VAI
ACONTECER

"Para tudo há uma ocasião certa; há um tempo certo para
cada propósito."

Eclesiastes 3:1

Não deixe a ansiedade e as preocupações tomarem conta do seu ser. Tudo tem o seu tempo. Deus tem um propósito para cada situação, tudo tem o tempo certo.

Às vezes, é difícil controlar a ansiedade, queremos tudo no nosso tempo, estamos cada vez mais acostumados com o imediatismo. No entanto, devemos pedir a Deus que tire de nós essa ansiedade que chega a ser angustiante em nosso coração, pois a ansiedade nos impede de viver o presente, de viver o hoje.

Viva o hoje com alegria, tenha fé e, na hora certa, o melhor acontecerá!

Oração: ore a Deus agradecendo pelo dia de hoje; peça a Ele que tire de você a ansiedade do seu coração, para que você saiba viver cada dia com sabedoria, com a certeza de que tudo tem o tempo certo.

Tarefa do dia: escreva um motivo pelo qual você é grato(a) hoje:

_____

_____

Que você tenha um excelente dia e que Deus o(a) abençoe grandemente!

14 de janeiro

ESCOLHA EDIFICAR COM AS SUAS PALAVRAS

"Nenhuma palavra torpe saia da boca de vocês, mas apenas a que for útil para edificar os outros, conforme a necessidade, para que conceda graça aos que a ouvem."

Efésios 4:29

As suas palavras são para a edificação ou para a destruição?

Se você colocar as suas palavras em uma balança, qual lado pesará mais, o das palavras de edificação ou o das de destruição?

Em todo tempo, você pode escolher as suas palavras; faça a escolha certa e edifique com as suas palavras.

Oração: ore a Deus agradecendo por sua vida e por tudo que está em seu coração. Peça a Ele que lhe dê sabedoria, para que cada palavra que saia da sua boca seja para a edificação, e não para a destruição.

49

Tarefa do dia: escreva um motivo pelo qual você é grato(a) hoje:

_____

_____

Que você tenha um excelente dia e que Deus o(a) abençoe grandemente!

15 de janeiro

NÃO TEMA, A PROVIDÊNCIA DE DEUS SERÁ CONHECIDA EM SUA VIDA

"Por que estás ao longe, Senhor? Por que te escondes nos tempos de angústia?"

Salmos 10:1

Às vezes, no meio dos sofrimentos e das dificuldades, começamos a duvidar e a pensar que Deus não tem conhecimento do que está passando conosco; parece que está longe, distante de nós.

Sim, muitas vezes, acontece de não conseguirmos sentir a presença de Deus em nossa vida, parece que Ele não está vendo os nossos pesares.

Mas saiba que Deus está mais perto do que o ar que você respira e que Deus agirá; a Sua providência será conhecida na sua vida.

Oração: ore a Deus agradecendo por Ele estar contigo em todo tempo; peça a Ele para que você sinta mais a presença

Dele e o Seu cuidado; peça paciência para saber esperar a tempestade passar.

Tarefa do dia: escreva um motivo pelo qual você é grato(a) hoje:

_____

_____

Que você tenha um excelente dia e que Deus o(a) abençoe grandemente!

16 de janeiro

PERMITA O AGIR DE DEUS EM SUA VIDA

"Eu irei adiante de ti, endireitarei os caminhos tortuosos, quebrarei as portas de bronze e despedaçarei as trancas de ferro; dar-te-ei os tesouros escondidos e as riquezas encobertas, para que saibas que eu sou o Senhor, o Deus de Israel, que te chama pelo nome."

Isaías 45:2-3

Deus conhece você e tem o controle de todas as situações; Ele vai à frente, tirando todos os obstáculos; Ele está preparando o caminho para a sua vitória.

Ele lhe dará muito mais do que você imaginou e sonhou.

Tenha fé e permita o agir de Deus em sua vida!

Oração: ore a Deus agradecendo por Ele estar no controle e por Ele ter misericórdia; peça a Ele que aumente a sua fé.

Tarefa do dia: escreva um motivo pelo qual você é grato(a) hoje:

_____

_____

Que você tenha um excelente dia e que Deus o(a) abençoe grandemente!

17 de janeiro

DEIXE O SEU EXTERIOR REFLETIR O SEU INTERIOR

"Porém o Senhor disse a Samuel: 'Não atentes para a sua aparência, nem para a sua altura, porque o rejeitei; porque o Senhor não vê como vê o homem. O homem vê o exterior, porém o Senhor, o coração'."

1 Samuel 16:7

Muitas vezes, passamos muito tempo nos preocupando com a aparência – e claro que devemos nos preocupar. Mas quanto tempo você dedica para o que realmente importa para Deus?

Deus não está preocupado com a sua aparência física, Deus está preocupado com o seu coração.

Como você tem cuidado do seu coração?

Dê atenção ao seu coração e deixe o seu exterior refletir o seu interior.

55

Oração: antes de fazer essa oração, faça uma reflexão sobre o que precisa ser mudado em seu coração; peça a Deus em oração que mude o que precisa ser mudado, que ajude você a valorizar mais o seu interior, que você consiga encontrar o equilíbrio interior, que você possa refletir o amor de Deus em todo tempo; e, claro, agradeça por Ele estar presente em sua vida.

Tarefa do dia: escreva um motivo pelo qual você é grato(a) hoje:

_____

_____

Que você tenha um excelente dia e que Deus o(a) abençoe grandemente!

18 de janeiro

A ALEGRIA NO SENHOR DEVE SER A SUA FORÇA

"Alegrai-vos sempre no Senhor, outra vez digo: alegrai-vos."

Filipenses 4:4

Mesmo quando parece que não há motivos aparentes para você se alegrar, lembre-se de que Deus é a razão da sua alegria, alegre-se no Senhor.

A alegria deve estar presente em nossas vidas em todo tempo, pois sempre teremos motivos para nos alegrar quando temos Deus em nossa vida.

A alegria no Senhor é a nossa força!

Oração: agradeça a Deus por mais um dia e por tudo o que Ele provê em sua vida; que Ele seja sempre o motivo da sua alegria.

Tarefa do dia: escreva um motivo pelo qual você é grato(a) hoje:

_____

_____

Que você tenha um excelente dia e que Deus o(a) abençoe grandemente!

19 de janeiro

TUDO O QUE VOCÊ FIZER PROSPERARÁ

"Pois será como a árvore plantada junto a ribeiros de
águas, a qual dá o seu fruto no seu tempo; as suas folhas
não cairão, e tudo quanto fizer prosperará."

Salmos 1:3

Se a sua base está fundada na palavra de Deus, você não tem motivo para desanimar ou temer, porque no tempo certo você colherá bons frutos e tudo o que fizer prosperará.

Por isso, fundamente a sua vida na palavra de Deus, nos Seus ensinamentos, busque estar em comunhão com Deus, busque aprender mais e mais de Deus.

Ele lhe dará forças para enfrentar qualquer adversidade e lhe dará a vitória.

Comece a dedicar pelo menos 15 minutos do seu dia para estar na presença de Deus, em oração, lendo a Sua palavra, para que, assim, você possa estar com uma base forte e fundamentada na palavra de Deus.

Oração: agradeça a Deus por todas as oportunidades; peça a Ele que você consiga se organizar e ter tempo para Ele, que você consiga entender qual é a verdadeira importância de estar na presença Dele; peça a Ele que seja a sua raiz, a sua base.

Tarefa do dia: escreva um motivo pelo qual você é grato(a) hoje:

_____

_____

Que você tenha um excelente dia e que Deus o(a) abençoe grandemente!

20 de janeiro

COLOQUE DIANTE DE DEUS TODAS AS SUAS PETIÇÕES

"Peçam, e lhes será dado; busquem, e encontrarão; batam, e a porta lhes será aberta. Pois todo o que pede recebe; o que busca encontra; e àquele que bate, a porta será aberta."

Mateus 7:7,8

Você precisa pedir, acreditar e perseverar.

Muitas vezes, não conseguimos o que desejamos por desistir no meio do caminho, por não ter paciência para esperar, por achar que não somos merecedores e que não podemos ter o que estamos pedindo.

Peça com fé, acreditando que é possível, espere, confie. Coloque diante Dele todas as suas petições e tenha certeza de que Ele atenderá a cada uma elas.

Oração: ore a Deus agradecendo por Ele cuidar de você; peça a Ele que tire toda crença limitante do seu ser, todo pensamento e atitude que distancia você dos seus sonhos, tudo aquilo que limita o agir de Deus em sua vida.

Tarefa do dia: escreva um motivo pelo qual você é grato(a) hoje:

_____

_____

Que você tenha um excelente dia e que Deus o(a) abençoe grandemente!

21 de janeiro

DEUS TEM PLANOS DE VITÓRIA PARA A SUA VIDA

"Foi por tua compaixão que não os abandonaste no deserto. De dia a nuvem não deixava de guiá-los em seu caminho, nem de noite a coluna de fogo deixava de brilhar sobre o caminho que deviam percorrer."

Neemias 9:19

Quando estamos no deserto, é quando mais aprendemos de Deus. O deserto é somente uma fase, não se preocupe. Deus guiará e protegerá você, e não deixará que nada lhe falte.

Deus não permitirá que você permaneça no deserto. Deus tem planos de vitória para a sua vida!

Oração: ore a Deus agradecendo pelo dia de hoje; peça a Ele que lhe dê confiança nos momentos de incerteza, na fase do deserto, que lhe dê forças para acreditar e confiar que é só uma fase, que Ele está cuidando de todos os detalhes e que Ele não abandonará você nessa jornada.

Tarefa do dia: escreva um motivo pelo qual você é grato(a) hoje:

_____

_____

Que você tenha um excelente dia e que Deus o(a) abençoe grandemente!

22 de janeiro

O SEU CLAMOR CHEGARÁ A DEUS

"Aquietai-vos, e sabei que eu sou Deus; serei exaltado
entre os gentios; serei exaltado sobre a terra."

Salmos 46:10

Deixe Deus agir na sua vida; pare de reclamar,
de buscar somente o negativo, de focar no que não é bom
para você.

Acalme o seu coração, ore, esteja em comunhão
com Deus e confie em sua fidelidade.

O seu clamor chegará a Deus, e Ele é o todo-
poderoso que faz muito mais do que você pode imaginar.

Oração: ore a Deus agradecendo por esse dia, por mais essa
oportunidade; peça a Ele que acalme o seu coração, que lhe
traga a paz que sobrepassa todo entendimento; tenha
confiança Nele e em Sua fidelidade.

Tarefa do dia: escreva um motivo pelo qual você é grato(a) hoje:

_____

_____

Que você tenha um excelente dia e que Deus o(a) abençoe grandemente!

23 de janeiro

QUE O SEU CORPO SEJA CHEIO DE LUZ

"Os olhos são a candeia do corpo. Se os seus olhos forem
bons, todo o seu corpo será cheio de luz. Mas se os seus
olhos forem maus, todo o seu corpo será cheio de trevas.
Portanto, se a luz que está dentro de você são trevas, que
tremendas trevas são."

Mateus 6:22,23

Não foque naquilo que não deu certo, na falta.
Se alimentarmos em nosso coração a raiva, o rancor, a
mágoa, a tristeza, não conseguiremos refletir a presença e o
amor de Deus em nossa vida.

Foque naquilo que que já deu certo, nas coisas
boas, na oportunidade de cada dia. Valorize as pequenas
coisas, tenha gratidão, aprenda a celebrar a vida.

Que o seu corpo seja cheio de luz!

Oração: ore a Deus agradecendo por Ele fazer parte da sua
vida, por tudo o que Ele já fez em sua vida; peça a Ele que
tire toda escuridão que possa existir em sua vida e tudo o que

não está de acordo com a vontade Dele; que você aprenda a focar nas coisas boas, no que lhe traz esperança.

Tarefa do dia: escreva um motivo pelo qual você é grato(a) hoje:

_____

_____

Que você tenha um excelente dia e que Deus o(a) abençoe grandemente!

24 de janeiro

DEUS PROTEGERÁ VOCÊ DE TODO MAL E TRANSFORMARÁ A TEMPESTADE EM BONANÇA

"Entrando Ele no barco, seus discípulos o seguiram.
De repente, uma violenta tempestade abateu-se sobre o
mar,
de forma que as ondas inundavam o barco. Jesus, porém,
dormia.
Os discípulos foram acordá-lo, clamando:
'Senhor, salve-nos! Vamos morrer!'.
Ele perguntou: 'Por que vocês estão com tanto medo,
homens de pequena fé?'.
Então, Ele se levantou e repreendeu os ventos e o mar,
e fez-se completa bonança."

Mateus 8:23-26

Não foque nas circunstâncias, na tempestade a sua volta.

Tenha fé. Se você tem pouca fé, peça a Deus que a aumente.

Lembre-se de que, mesmo que tudo a sua volta pareça estar fora do controle, Deus está no mesmo barco que você. Não tema!

69

Deus protegerá você de todo mal e transformará a tempestade em bonança.

Oração: ore a Deus agradecendo o Seu cuidado, porque, mesmo quando você acha que Ele não está presente, Ele está presente, sim, e ainda está cuidando de todos os detalhes. Peça a Deus que aumente a sua fé e a sua confiança Nele.

Tarefa do dia: escreva um motivo pelo qual você é grato(a) hoje:

_____

_____

Que você tenha um excelente dia e que Deus o(a) abençoe grandemente!

25 de janeiro

AS PROMESSAS DE DEUS SE CUMPRIRÃO

"Agora, Senhor Deus, confirma para sempre a promessa que fizeste a respeito de teu servo e de sua descendência. Faze conforme prometeste."

2 Samuel 7:25

O Senhor cumprirá com todas as Suas promessas. Assim como o Sol não se cansa de brilhar, Deus não se cansa de você. É da natureza de Deus cumprir com todas as Suas promessas.

Acredite! Deus cumprirá com todas as promessas que Ele fez para você e para a sua família!

Mantenha-se firme e confiante. As promessas de Deus se cumprirão!

Oração: ore a Deus agradecendo por Ele cumprir com todas as promessas que Ele fez para a sua vida e para a vida da sua família. Agradeça a Ele por Sua fidelidade. Peça a Ele que tire qualquer dúvida que possa existir em seu coração.

71

Tarefa do dia: escreva um motivo pelo qual você é grato(a) hoje:

_____

_____

Que você tenha um excelente dia e que Deus o(a) abençoe grandemente!

26 de janeiro

ALEGRE-SE E ADORE AO SENHOR

"Ainda que a figueira não floresça, nem haja fruto na vide;
o produto da oliveira minta, e os campos não produzam
mantimento; as ovelhas sejam arrebatadas do aprisco, e
nos currais não haja gado, todavia, eu me alegro no
Senhor, exulto no Deus da minha salvação."

Habacuque 3:17,18

Você deve adorar a Deus independentemente da situação que você esteja vivendo.

Você deve adorá-lo pelo que Ele é, e não pelo que Ele pode fazer por você.

Pare de barganhar com Deus. Saia do papel de vítima e assuma, agora, o papel de adorador!

Adore a Deus!

Oração: ore a Deus agradecendo por Ele lhe dar a salvação, por Ele ter lhe dado uma nova oportunidade, por Ele estar com você o tempo todo; agradeça e adore ao Senhor.

Tarefas do dia:

- Fale para uma pessoa sobre do amor de Deus.

- Escreva um motivo pelo qual você é grato(a) hoje.

_____

_____

Que você tenha um excelente dia e que Deus o(a)

abençoe grandemente!

27 de janeiro

DEUS VAI RESPONDER A SUA ORAÇÃO

"E tudo quanto pedirdes em oração, crendo, recebereis."

Às vezes, pedimos a Deus, mas algo em nosso coração nos dá dúvida; queremos, mas duvidamos. Pare de duvidar, tire a dúvida do seu coração. Enquanto houver dúvida, Deus não entrará com a providência. Ore a Deus, acredite verdadeiramente e espere a provisão de Deus. Deus sempre responde as orações, algumas vezes imediatamente, outras não, mas Ele sempre responde na hora certa!

Oração: ore a Deus agradecendo por Ele ouvir todas as suas orações; peça a Ele que tire toda a dúvida do seu coração; peça tudo aquilo que você deseja, acredite de verdade que é possível, e, assim, será possível.

75

Tarefas do dia:

- Em um caderno exclusivo para orações, faça uma lista de todas as suas petições e ore por essas petições todos os dias. Depois, para cada oração contestada, escreva ao lado "OK"; você verá que, no decorrer do tempo, todas as suas orações serão respondidas.

- Escreva um motivo pelo qual você é grato(a) hoje.

_____

_____

Que você tenha um excelente dia e que Deus o(a) abençoe grandemente!

MANTENHA A FÉ E TODAS AS COISAS SE TORNARÃO POSSÍVEIS

"Ora, a fé é a certeza de coisas que se esperam, a convicção de fatos que não se veem."

Hebreus 11:1

A fé é a convicção do cumprimento das promessas de Deus para a sua vida. A sua fé manterá você na presença do Senhor.

Mantenha a fé e todas as coisas se tornarão possíveis.

Oração: ore a Deus agradecendo por Sua fidelidade em sua vida; peça a Ele que aumente a sua fé e a sua confiança Nele.

Tarefa do dia: escreva um motivo pelo qual você é grato(a) hoje:

_____

_____

Que você tenha um excelente dia e que Deus o(a) abençoe grandemente!

29 de janeiro

SINTA A PRESENÇA DE DEUS E O SEU CUIDADO

"Contaste os meus passos quando sofri perseguições;
recolheste as minhas lágrimas no teu odre; não estão elas
inscritas no teu livro?"

Salmos 56:8

Às vezes, não conseguimos sentir o cuidado de Deus, mas Ele conhece cada passo seu, cada pensamento seu, cada lágrima sua – nada passa desapercebido para Deus. Nada do que você está passando hoje é por acaso, é só uma fase para o seu crescimento, e, quando ela passar, você verá que Ele esteve com você em todo tempo. Deus cuida em todo tempo dos Seus filhos, sinta a presença e o cuidado de Deus na sua vida!

Oração: ore a Deus agradecendo pela sua vida e pela oportunidade que Ele lhe dá hoje. Peça a Ele para você sentir a Sua presença e o Seu cuidado a cada momento.

Tarefa do dia: escreva um motivo pelo qual você é grato(a) hoje:

_____

_____

Que você tenha um excelente dia e que Deus o(a) abençoe grandemente!

30 de janeiro

A SUA AJUDA VIRÁ DO SENHOR

"Se ando em meio à tribulação, tu me refazes a vida;
estende a mão contra a ira dos meus inimigos; a tua destra
me salva."

Salmos 138:7

Você já percebeu que, quando você está passando por problemas, as pessoas que supostamente você achava que o(a) ajudariam, não o(a) ajudam. Sabe por quê? Porque a sua ajuda vem do Senhor, você deve esperar e confiar em Deus, Ele colocará pessoas e situações que você nunca imaginou na sua vida, para o(a) ajudar.
Reflita sobre essa palavra.

Oração: ore a Deus agradecendo por tudo que está no seu coração hoje; peça a Ele que você consiga esperar a resposta Nele, que tire do seu coração toda a frustração por muitas vezes ter esperado algo das pessoas erradas.

Tarefa do dia: escreva um motivo pelo qual você é grato(a) hoje:

_____

_____

Que você tenha um excelente dia e que Deus o(a) abençoe grandemente!

31 de janeiro

ORAÇÃO

"Senhor meu Deus, criador do céu e da terra, venho diante de Ti, Pai, pedir que proteja a minha vida, a minha família, a minha casa.

Livre-me de todo mal, da língua enganadora, das pessoas que não querem o meu bem, me proteja de toda inveja.

Tire todos meus pensamentos negativos, de morte, de desistência e de fracasso.

Pai, proteja todas as áreas da vida minha vida.

Que eu possa sentir a Sua proteção agora e sempre.

Eu lhe peço, em nome do Seu filho Jesus Cristo. Amém!"

Tarefas do dia:

- Faça uma oração para uma pessoa que você sabe que está precisando da providência de Deus.

- Escreva um motivo pelo qual você é grato(a) hoje.

_____

_____

Que você tenha um excelente dia e que Deus o(a) abençoe grandemente!

USE A ARMADURA DE DEUS E VOCÊ TERÁ A VITÓRIA

"Portanto, tomai toda a armadura de Deus, para que possais resistir no dia mau e, depois de terdes vencido tudo, permanecer inabaláveis. Estai, pois, firmes, cingindo-vos com a verdade e vestindo-vos da couraça da justiça. Calçai os pés com a preparação do evangelho da paz; embraçando sempre o escudo da fé, com o qual podereis apagar todos os dardos inflamados do Maligno. Tomai também o capacete da salvação e a espada do Espírito, que é a palavra de Deus; com toda oração e súplica, orando em todo tempo no Espírito e para isto vigiando com toda a perseverança e súplica por todos os santos."

Efésios 6:13-18

A nossa maior batalha está na nossa mente, no nosso coração; por isso, precisamos usar diariamente a armadura de Deus para vencer todas as batalhas internas e externas.

Precisamos orar, orar sem cessar, por nós e pelos nossos irmãos.

A oração nos capacita a perseverar.

E Deus nos possibilita ter a Sua armadura; então, use a armadura de Deus e você terá a vitória.

Oração: ore a Deus agradecendo por Ele proteger você de todo mal, por Ele ser a sua armadura diária; peça a Ele que você sempre tenha sabedoria para usar a Sua armadura ao enfrentar todas as suas batalhas internas e externas.

Tarefas do dia:

• Ore por uma pessoa que você sabe que está longe da presença de Deus e que está precisando da armadura do Senhor.

• Escreva um motivo pelo qual você é grato(a).

_____

_____

Que você tenha um excelente dia e que Deus o(a) abençoe grandemente!

O SENHOR É CONTIGO POR ONDE QUER QUE ANDARES

"Sê forte e corajoso, porque tu farás este povo herdar a terra que, sob juramento, prometi dar a seus pais. Tão-somente sê forte e mui corajoso para teres o cuidado de fazer segundo toda a lei que meu servo Moisés te ordenou; dela não te desvies, nem para a direita nem para a esquerda, para que sejas bem-sucedido por onde quer que andares. Não cesses de falar deste Livro da Lei; antes, medite nele dia e noite, para que tenhas cuidado de fazer segundo tudo quanto nele está escrito; então, farás prosperar o teu caminho e serás bem-sucedido. Não to mandei eu? Sê forte e corajoso; não temas, nem te espantes, porque o Senhor, teu Deus, é contigo por onde quer que andares."

Josué 1:6-9

Obedeça a Deus e você terá prosperidade e será bem-sucedido.

Seja forte, tenha coragem; Deus não abandonou você, Ele está contigo.

Não abandone o que Deus colocou no seu coração, não desvie do caminho de Deus.

Seja forte, tenha coragem; faça tudo conforme a palavra de Deus, medite dia e noite sobre a Palavra, fale da Palavra, viva a Palavra; não tema, porque o Senhor é contigo por onde quer que andares.

Oração: ore a Deus agradecendo por sua fidelidade em sua vida; peça a Ele que não deixe que você se desvie do caminho e dos propósitos que Ele tem para a sua vida, que lhe dê força e coragem, e que tire todo o medo do seu coração.

Tarefa do dia: escreva um motivo pelo qual você é grato(a) hoje:

_____

_____

Que você tenha um excelente dia e que Deus o(a) abençoe grandemente!

03 de fevereiro

CONFIE, AS BÊNÇÃOS DO SENHOR CHEGARÃO ATÉ VOCÊ

"Delas e dos lugares ao redor do meu outeiro, eu farei bênção; farei descer a chuva a seu tempo, serão chuvas de bênçãos."

Ezequiel 34:26

Se você está sem ânimo, sem forças, continue no caminho de Deus.

Tenha confiança, persista, não desista.

Deus está cuidando de tudo e, no tempo certo, Ele derramará sobre a sua vida bênçãos sem medidas.

Confie, as bênçãos do Senhor chegarão até você!

Oração: ore a Deus pedindo para que você consiga perseverar no caminho Dele; agradeça a Ele pelas chuvas de bênçãos que Ele derramará sobre a sua vida, no melhor tempo, no tempo Dele.

Tarefa do dia: escreva um motivo pelo qual você é grato(a) hoje:

_____

_____

Que você tenha um excelente dia e que Deus o(a) abençoe grandemente!

04 de fevereiro

DEUS É FIEL E A SUA MISERICÓRDIA DURA PARA SEMPRE

"Pois a Tua misericórdia se eleva até os céus, e a Tua fidelidade, até as nuvens."

Salmos 57:10

A misericórdia e a fidelidade de Deus não têm limites. Ninguém pode limitar o poder de Deus; acredite, confie, tenha esperança e espere o agir de Deus em sua vida. Deus fará grandes coisas em sua vida porque Ele é fiel, e a Sua misericórdia dura para sempre!

Oração: ore a Deus agradecendo por Sua misericórdia e Sua fidelidade; peça a Ele que tire toda dúvida e todo sentimento limitador do seu coração.

91

Tarefa do dia: escreva um motivo pelo qual você é grato(a) hoje:

_____

_____

Que você tenha um excelente dia e que Deus o(a) abençoe grandemente!

05 de fevereiro

DIMINUA O VOLUME DO MUNDO E ESCUTE A RESPOSTA QUE DEUS TEM PARA VOCÊ

"Invoca-me, e te responderei: anunciar-te-ei coisas
grandes e ocultas, que não sabes."

Jeremias 33:3

Glória a Deus por Sua palavra! Muitas vezes, não escutamos a voz do Senhor por ocupar a nossa mente, o nosso dia, a nossa vida com muitas coisas. Precisamos ter tempo com Deus e deixar tempo para Ele falar com a gente.

Invoque ao Senhor. Ele anunciará grandes coisas para a sua vida, coisas que você nem imagina.

Diminua o volume do mundo e escute a resposta que Deus tem para você!

Oração: ore agradecendo a Deus por mais um dia de vida; peça a Ele que fale com você e que responda às suas petições.

Tarefas do dia:

- Faça uma lista de tarefas diárias e, nela, coloque um tempo para Deus, tempo para ler a Palavra e meditar nela, tempo para estar com o Pai. Caso você já faça isso, pense se esse tempo está sendo suficiente, pense no que está impedindo você de ouvir a voz de Deus – às vezes, temos esse tempo com Deus, mas não estamos presentes em oração, e sim com os nossos pensamentos bem longe da Sua presença; reflita sobre isso.

- Escreva um motivo pelo qual você é grato(a) hoje:

_____

_____

Que você tenha um excelente dia e que Deus o(a) abençoe grandemente!

06 de fevereiro

PREPARE-SE PARA UM NOVO TEMPO EM SUA VIDA

"O meu servo Moisés está morto. Agora você e todo o povo de Israel se preparam para atravessar o rio Jordão e entrar na terra que vou dar a vocês."

Josué 1:2

As batalhas e as lutas foram muitas, mas Deus está preparando o melhor caminho para você.

Prepare-se para um novo tempo em sua vida.

Tenha ânimo e coragem, pois você conquistará tudo aquilo que Deus tem para você, e Deus sempre tem o melhor!

Oração: ore agradecendo a Deus por ter caminhado com você todo esse tempo e por, agora, estar preparando o melhor para a sua vida. Agradeça e sinta gratidão no seu coração.

Tarefa do dia: escreva um motivo pelo qual você é grato(a) hoje:

_____

_____

Que você tenha um excelente dia e que Deus o(a) abençoe grandemente!

07 de fevereiro

DEUS LHE DARÁ A VITÓRIA

"Pois tu, ó Deus, nos provaste; tu nos afinaste como se afina a prata. Tu nos meteste na rede; afligiste os nossos lombos. Fizeste com que os homens cavalgassem sobre a nossa cabeça; passamos pelo fogo e pela água; mas trouxeste-nos a um lugar de abundância."

Salmos 66:10-12

Deus nos deixa passar pelas provações para provar a nossa fé. Somos provados para sermos aprovados.

Não tema; confie, pois Deus é um Deus de abundância, Ele prosperará todos os seus caminhos.

Tenha fé, confie; Deus lhe dará a vitória!

Oração: ore agradecendo a Deus pela vitória que Ele lhe dará; peça a Ele que aumente a sua fé e a sua confiança, para que você tenha paciência para esperar o agir Dele em sua vida.

Tarefa do dia: escreva um motivo pelo qual você é grato(a) hoje:

_____

_____

Que você tenha um excelente dia e que Deus o(a) abençoe grandemente!

08 de fevereiro

SEJA UM CANAL DE BÊNÇÃO

"Toda mulher sábia edifica a sua casa, mas a tola a
derruba com as próprias mãos."

Provérbios 14:1

Deus quer usar a sua vida, para que, através de você, a sua casa possa ser edificada. Todas as suas atitudes não impactam somente na sua vida, e sim em todos que vivem a sua volta; por isso, pense bem antes de falar e agir.

Seja um canal de benção.

Oração: ore agradecendo a Deus por mais um dia; peça a Ele que você possa ser um canal de bênção não apenas para a sua vida, como também para a vida das pessoas que vivem a sua volta.

Tarefa do dia: escreva um motivo pelo qual você é grato(a) hoje:

_____

_____

Que você tenha um excelente dia e que Deus o(a) abençoe grandemente!

NÃO ENDUREÇA O SEU CORAÇÃO

"Não endureçam o coração como na rebelião, durante o tempo da provação no deserto."

Hebreus 3:8

Se você está vivendo uma situação que não lhe agrada, não endureça o seu coração, não perca a esperança e a fé.

Tudo passa nessa vida; por mais que a situação pareça não ter fim, terá. Deus quer abençoar, mas Ele quer ter um relacionamento com você.

Mantenha o seu relacionamento com Deus, continue perseverando nos caminhos de Deus e, assim, tenha certeza de que essa provação passará.

Oração: ore agradecendo a Deus por mais oportunidade em meio à tempestade e em meio à provação; peça a Ele que não deixe o seu coração endurecer; peça a Ele sabedoria, para que você saia dessa provação com a vitória.

Tarefa do dia: escreva um motivo pelo qual você é grato(a) hoje:

_____

_____

Que você tenha um excelente dia e que Deus o(a) abençoe grandemente!

10 de fevereiro

CREIA

"Bem-aventurada a que creu, porque serão cumpridas as palavras que lhe foram ditas da parte do Senhor."

Lucas 1:45

Não desista, persevere, tenha paciência, porque tudo o que Deus lhe prometeu Ele cumprirá. Deus é todopoderoso, não tema.

Acredite, tenha fé; as promessas de Deus se cumprirão em sua vida.

Oração: ore agradecendo a Deus por mais um dia e por Sua fidelidade; peça a Ele que lhe dê paciência e sabedoria para aguardar a virada que Deus promoverá em sua vida!

Tarefa do dia: escreva um motivo pelo qual você é grato(a) hoje:

_____

_____

Que você tenha um excelente dia e que Deus o(a) abençoe grandemente!

11 de fevereiro

QUANDO DEUS AGE, NINGUÉM PODE IMPEDIR

"Porque desde a antiguidade não se ouviu, nem com ouvidos se percebeu, nem com os olhos se viu um Deus além de ti, que opera a favor daquele que por Ele espera."
Isaías 64:4

Espere em Deus, deposite a sua esperança Nele.

Deus está operando a seu favor e, quando Deus age, ninguém pode impedi-lo.

Acredite! Tome posse dessa palavra!

Oração: ore agradecendo a Deus por Sua grandiosidade, por Ele ser fiel em sua vida e por Ele operar a seu favor.

Tarefa do dia: escreva um motivo pelo qual você é grato(a) hoje:

_____

_____

Que você tenha um excelente dia e que Deus o(a) abençoe grandemente!

12 de fevereiro

O SENHOR TEU DEUS É CONTIGO

"Não to mandei eu? Sê forte e corajoso, não temas, nem te espantes, porque o Senhor, teu Deus, é contigo por onde quer que andares."

Josué 1:9

Essa palavra já confortou o meu coração muitas vezes, e eu espero que conforte o seu também.

Não tenha medo, seja forte, tenha coragem. Deus está com você independentemente de onde e da situação que você estiver vivendo.

É na ausência de certezas que aprendemos a confiar na providência de Deus.

Oração: ore agradecendo a Deus por sua fidelidade, por Ele cuidar de você em todo tempo.

Tarefa do dia: escreva um motivo pelo qual você é grato(a) hoje:

_____

_____

Que você tenha um excelente dia e que Deus o(a)

abençoe grandemente!

13 de fevereiro

QUE A PAZ ESTEJA COM VOCÊ

"Bem-aventurados os pacificadores, porque serão
chamados filhos de Deus."

Mateus 5:9

Os pacificadores são aqueles que têm paz com Deus e vivem em paz com todos os homens.

Busque a paz em todo tempo e em todas as situações.

Queira estar em paz sempre, deseje a paz.

Que a paz do Senhor esteja contigo hoje e sempre.

Oração: ore agradecendo a Deus por sua vida; peça a Ele a paz que sobrepassa todo entendimento.

Tarefa do dia: escreva um motivo pelo qual você é grato(a) hoje:

_____

_____

Que você tenha um excelente dia e que Deus o(a) abençoe grandemente!

14 de fevereiro

AME, SEM MEDIR ESFORÇOS

*"Amarás, pois, o Senhor, teu Deus, de todo o teu coração,
de toda a tua alma, de todo o teu entendimento e de toda a
sua força. O segundo é: Amarás o teu próximo como a ti
mesmo. Não há outro mandamento maior do que estes."*

Marcos 12:30,31

O amor de Deus e ao próximo não é apenas um sentimento, envolve ação. Devemos nos esforçar, pois nem sempre é fácil amar. Devemos estar dispostos a amar, independentemente das diferenças, das opiniões e do temperamento; independentemente de qualquer coisa, devemos amar. Ame, sem medir esforços.

Oração: ore agradecendo a Deus por cada oportunidade, por tudo o que Ele já fez em sua vida; peça a Ele que você possa amar sem limites, que o amor esteja presente em sua vida em todo tempo e em qualquer situação.

111

Tarefa do dia: escreva um motivo pelo qual você é grato(a) hoje:

_____

_____

Que você tenha um excelente dia e que Deus o(a) abençoe grandemente!

15 de fevereiro

PERMITA O NOVO DE DEUS EM SUA VIDA

"Não vos lembreis das coisas passadas, nem considerais as antigas.
Eis que faço uma coisa nova: agora está saindo a luz; por ventura não a percebeis?
Eis que porei um caminho no deserto e rios no esmo."

Isaías 43:18-19

Deus quer lhe dar algo novo – na verdade, já está aí, mas você não vê porque está focando no seu passado. O passado não volta mais. Foque no que está na sua frente, no hoje. Permita o novo de Deus na sua vida.

Não pense no passado, confie no Senhor.

Oração: ore agradecendo a Deus pelo seu passado, por ter permitido tantos aprendizados, por lhe dar a cada dia uma nova oportunidade; peça a Ele que permita que você foque no agora, no novo, no melhor que Ele tem para você.

Tarefa do dia: escreva um motivo pelo qual você é grato(a) hoje:

_____

_____

Que você tenha um excelente dia e que Deus o(a) abençoe grandemente!

16 de fevereiro

SEJA PRATICANTE DA PALAVRA DE DEUS

"Mas isto lhes ordenei, dizendo: 'Dai ouvidos à minha voz, e eu serei o vosso Deus, e vós sereis o meu povo; andai em todo o caminho que eu vos ordeno, para que vos vá bem.'"

Jeremias 7:23

Caminhe conforme a vontade de Deus, caminhe em retidão, coloque em prática a palavra de Deus.

Não seja apenas um ouvinte, seja praticante da palavra de Deus, e, então, tenha certeza de que tudo irá bem para você.

Oração: ore agradecendo a Deus por Sua palavra, que nos edifica diariamente, que nos dá ânimo para seguir em frente; peça a Ele para que você consiga colocar em prática tudo o que Ele tem lhe ensinado diariamente.

Tarefa do dia: escreva um motivo pelo qual você é grato(a) hoje:

_____

_____

Que você tenha um excelente dia e que Deus o(a) abençoe grandemente!

17 de fevereiro

NADA SE COMPARA AO QUE DEUS TEM PREPARADO PARA AQUELES QUE O AMAM

"Mas, como está escrito: 'Nem olhos viram, nem ouvidos ouviram, nem jamais penetrou em coração humano o que Deus tem preparado para aqueles que o amam.'"

1 Coríntios 2:9

Nada se compara ao que Deus tem preparado para aqueles que O amam. Não basta crer em Deus, você também precisa amá-Lo.

Ame a Deus e experimente o melhor de Deus em sua vida, pois nada se compara ao que Deus tem preparado para a sua vida.

Oração: ore agradecendo a Deus por Seu amor, por Seu cuidado com você, por todas as coisas que Ele preparou e preparará para a sua vida.

Tarefa do dia: escreva um motivo pelo qual você é grato(a) hoje:

_____

_____

**Que você tenha um excelente dia e que Deus o(a)
abençoe grandemente!**

18 de fevereiro

DEUS ESTÁ CUIDANDO DE VOCÊ

"Mil cairão ao teu lado, e dez mil, à tua direita, mas tu não serás atingido."

Mesmo que tudo esteja desabando ao seu lado, não se preocupe, porque Deus está cuidando de você, Ele o(a) guardará de todo o mal.

Tenha fé, acredite. A vitória é sua.

Oração: ore agradecendo a Deus por Sua proteção, por Ele não o(a) abandonar na batalha, por Ele estar presente em sua vida; peça a Ele que aumente a sua fé, a sua confiança e lhe dê sabedoria em tempo de guerra.

119

Tarefa do dia: escreva um motivo pelo qual você é grato(a) hoje:

_____

_____

Que você tenha um excelente dia e que Deus o(a) abençoe grandemente!

19 de fevereiro

DEUS GUARDARÁ O SEU CORAÇÃO E A SUA MENTE DE TODO O MAL

"E a paz de Deus, que excede todo o entendimento, guardará o vosso coração e a vossa mente em Cristo Jesus."

Filipenses 4:7

Deposite a sua fé em Deus, permaneça fiel à sua palavra e Ele lhe dará a paz de que você necessita.

Deus guardará o seu coração e a sua mente de todo o mal.

Oração: ore agradecendo a Deus por mais um dia; peça a Ele que proteja o seu coração e a sua mente de todo o mal, de tudo o que afasta você Dele.

121

Tarefa do dia: escreva um motivo pelo qual você é grato(a) hoje:

_____

_____

Que você tenha um excelente dia e que Deus o(a) abençoe grandemente!

CONFIE NA PROVIDÊNCIA DE DEUS

"Observai as aves do céu: não semeiam, não colhem, nem ajuntam em celeiros; contudo, vosso Pai Celeste as sustenta. Porventura, não valeis vós muito mais do que as aves?"

Mateus 6:26

Nós podemos ver e sentir a grandiosidade de Deus quando observamos a natureza, as flores, os pássaros. Na abundância que existe na natureza, nós vemos o cuidado de Deus em todos os momentos, em todas as estações.

Assim como a natureza, nós somos importantes para Deus; cada um de nós é único e especial, e foi criado com um propósito maior.

Por isso, não tema, você é importante para Deus; não se preocupe, Deus suprirá todas as suas necessidades. Confie na providência de Deus.

Oração: ore agradecendo a Deus por Sua abundância, por Seu cuidado; peça a Ele que tire todo o medo e todas as incertezas do seu coração.

Tarefas do dia:

- Passe tempo na natureza, observe as árvores e os pássaros, e aproveite para, nesse momento, exercitar a gratidão em seu coração; sinta a gratidão de Deus em sua vida e na vida dos demais.

- Escreva um motivo pelo qual você é grato(a) hoje:

_____

_____

Que você tenha um excelente dia e que Deus o(a) abençoe grandemente!

21 de fevereiro

NINGUÉM PODE FRUSTRAR OS PLANOS DE DEUS

"Bem sei eu que tudo podes, e que nenhum dos teus propósitos pode ser impedido."

Jó 42:2

A dor e o sofrimento não são o ponto final na sua vida. Essa fase vai passar. Veja o lado positivo desse momento, pois tudo tem o seu lado positivo. Tudo que acontece em nossas vidas tem um propósito – é para nos ensinar algo –, nada é em vão.

Erga a cabeça e siga, não tema, não deixe pensamentos sabotadores o(a) enganarem, pois Deus está no comando da sua vida. Quando temos Deus em nossa vida, a nossa vitória já é garantida.

Nada pode frustrar os planos de Deus, tudo o que Ele tem planejado para a sua vida, se cumprirá.

Oração: ore agradecendo a Deus por Seu cuidado, por Seu amor, por Sua fidelidade; peça a Ele que tire todo pensamento sabotador da sua mente, que Ele limpe de sua mente tudo aquilo que não é da vontade Dele, que Ele lhe dê tranquilidade para que você possa esperar o cumprimento de todas as promessas que Ele tem para a sua vida.

Tarefa do dia: escreva um motivo pelo qual você é grato(a) hoje:

_____

_____

Que você tenha um excelente dia e que Deus o(a) abençoe grandemente!

22 de fevereiro

ÂNIMO!

"Sede fortes, e revigore-se o vosso coração, vós todos que esperais no Senhor."

Salmos 31:24

Mais uma vez, Deus fala: "Seja forte e tenha ânimo. Não desista!". Nem sempre as coisas são fáceis, mas temos que ter ânimo para seguir em frente, para continuar a nossa jornada.

O Senhor fala em Sua palavra que, nesse mundo, teremos aflições, e que elas existirão sempre. O que muda essas aflições é o nosso olhar, a nossa atitude diante delas.

Se estivermos com o olhar de oportunidade, com o olhar voltado para as promessas de Deus, vamos conseguir enfrentar mais facilmente essas aflições.

Pense nisso e espere no Senhor, pois Ele tem reservado, para aqueles que têm fé, bênçãos sem medidas.

Oração: ore agradecendo a Deus por mais uma oportunidade e por Ele revigorar o seu coração; peça a Ele que lhe dê sabedoria e permita que você passe pelas aflições com foco nas promessas que Ele tem para a sua vida.

Tarefa do dia: escreva um motivo pelo qual você é grato(a) hoje:

_____

_____

Que você tenha um excelente dia e que Deus o(a) abençoe grandemente!

23 de fevereiro

O FAVOR DE DEUS DURA A VIDA INTEIRA

"Porque não passa de um momento a sua ira; o seu favor dura a vida inteira. Ao anoitecer, pode vir o choro, mas a alegria vem pela manhã."

Salmos 30:5

Toda a sua tristeza e insatisfação, todo o seu medo, tudo tem prazo de validade.

Não se preocupe, pois o favor de Deus dura a vida inteira.

Os que andam na luz do Senhor não se envergonharão.

Oração: ore agradecendo a Deus por mais um dia, por mais uma oportunidade, por Ele derramar bênçãos sem medidas sobre a sua vida; peça a Ele que tire toda a incredulidade do seu coração e que Ele aumente a sua fé.

129

Tarefa do dia: escreva um motivo pelo qual você é grato(a) hoje:

_____

_____

Que você tenha um excelente dia e que Deus o(a) abençoe grandemente!

24 de fevereiro

A PROVISÃO DE DEUS ESTÁ CHEGANDO

"Levanta-te, resplandece porque já vem a tua luz, e a glória do Senhor vai nascendo sobre ti."

Isaías 60:1

Levante-se, esteja de pé, posicione-se firme, porque a provisão de Deus está chegando e, através da sua vida, outras pessoas verão a glória de Deus.

Se você crê, dê "glória a Deus"!

Oração: ore agradecendo a Deus pelo cumprimento da palavra Dele em sua vida, pela provisão que Ele está providenciando; peça a Ele que lhe dê forças para se posicionar diante dos acontecimentos e obter a vitória.

Tarefa do dia: escreva um motivo pelo qual você é grato(a) hoje:

_____

_____

Que você tenha um excelente dia e que Deus o(a) abençoe grandemente!

DEUS CONSIDERARÁ O SEU PEDIDO E MUDARÁ A SUA HISTÓRIA

"Jabes invocou o Deus de Israel, dizendo: 'Oh! Tomara que me abençoes e me alargues as fronteiras, que seja comigo a tua mão e me preserves do mal, de modo que não me sobrevenha aflição!'. E Deus lhe concedeu o que lhe tinha pedido."

1 Crônicas 4:10

Jabes não queria estar na mesma situação, ele queria mudança; ele não se conformou com a situação que ele se encontrava e fez uma oração ousada, à qual Deus atendeu.

Ouse pedir, não tenha medo!

Oração: ore agradecendo a Deus por Sua fidelidade e coloque diante do trono Dele todas as suas petições; ouse pedir.

133

Tarefa do dia: escreva um motivo pelo qual você é grato(a) hoje:

_____

_____

Que você tenha um excelente dia e que Deus o(a) abençoe grandemente!

26 de fevereiro

DEUS É BOM O TEMPO TODO

"Meus irmãos, considerem motivo de grande alegria o fato de passarem por diversas provações, pois vocês sabem que a prova da sua fé produz perseverança."

Tiago 1:2,3

Aprenda a passar pelas provações com confiança, coragem e muita fé.

Sem fé, não podemos agradar a Deus.

As provações trazem benefícios para a nossa vida; nada é por acaso, tudo tem um propósito.

Alegre-se nas provações, por mais difícil que seja, pois Deus estará contigo, apoiando você até a sua vitória.

Lembre-se de que Deus é bom o tempo todo!

Oração: ore agradecendo a Deus por mais um dia; por Ele estar caminhando contigo em todo tempo, inclusive em tempo de provações; por Sua infinita misericórdia, Seu amor e Seu cuidado.

Tarefa do dia: escreva um motivo pelo qual você é grato(a) hoje:

_____

_____

Que você tenha um excelente dia e que Deus o(a)
abençoe grandemente!

VOCÊ TERÁ A CURA QUE BUSCA

"Confessai, pois, os vossos pecados uns aos outros e orai uns pelos outros, para serdes curados. Muito pode, por sua eficácia a súplica do justo."

Tiago 5:16

Às vezes, a cura não vem em nossa vida porque temos algum pecado escondido, guardado, que nos farda ao fracasso.

A cura pode ser física, espiritual, mental e emocional; para alcançá-la, devemos remover o peso do pecado de nossas vidas e, assim, encontrar equilíbrio e paz em todas as áreas.

Se existe algo em sua vida que o(a) incomoda, algum pecado que impede a sua cura, confesse para alguma pessoa de sua confiança e peça oração a ela. Caso você não tenha nenhuma pessoa de confiança para confessar ou não se sinta confortável em fazer isso com outra pessoa, confesse a Deus.

Confie, tenha fé e você terá a cura que busca.

Oração: ore agradecendo a Deus por Ele escutar e ajudar você, por estar pronto a curá-lo(a); peça a Ele que você consiga tirar todos os pecados guardados em seu coração, escondidos, que Ele libere você do peso e da carga do pecado em sua vida e lhe dê a cura que você busca.

Tarefa do dia: escreva um motivo pelo qual você é grato(a) hoje:

_____

_____

Que você tenha um excelente dia e que Deus o(a) abençoe grandemente!

ORAÇÃO

Coloque diante do trono do Senhor todas as aflições do seu coração e faça a seguinte oração:

"Senhor meu Deus, criador do céu e da terra, venho diante de Ti, Pai, pedir que tire de mim tudo que está afligindo o meu coração.

Pai, eu Lhe peço que, com a Sua infinita misericórdia, o Senhor traga refrigério sobre a minha vida e a minha alma, e traga consolo e cura.

Que eu sinta agora, nesse momento, a Sua presença, o Seu amor e o Seu cuidado.

Que a Sua providência chegue à minha vida.

Eu lhe peço, e agradeço, em nome de Jesus Cristo. Amém."

Tarefa do dia: escreva um motivo pelo qual você é grato(a) hoje:

_____

_____

Que você tenha um excelente dia e que Deus o(a) abençoe grandemente!

01 de março

VOCÊ COLHERÁ BONS FRUTOS

"De manhã ouves, Senhor, o meu clamor; de manhã, te apresento a minha oração e aguardo com esperança."

Salmos 5:3

Ao despertar, faça uma oração a Deus; comece-a agradecendo a Deus pela vida, pela saúde, pela família, por tudo, por cada detalhe.

Dedique pelo menos 5 minutos do seu dia a Deus; cultive o seu relacionamento diário com Deus.

Tenha esperança, pois Deus é fiel para cumprir com todas as suas promessas.

Tenha um relacionamento diário com Deus e você colherá bons frutos.

Oração: ore agradecendo a Deus por Ele ouvir o seu clamor, por estar presente em sua vida diariamente, por ser fiel, por amar você, agradeça por tudo o que estiver no seu coração; peça a Deus que mantenha você no caminho conforme a

141

vontade Dele, que não deixe você se desviar nem para a direita nem para a esquerda, para que você caminhe em retitude e possa manter esse relacionamento diário com Ele.

Tarefa do dia: escreva um motivo pelo qual você é grato(a) hoje:

_____

_____

Que você tenha um excelente dia e que Deus o(a) abençoe grandemente!

02 de março

EXPERIMENTE E COMPROVE A BOA, AGRADÁVEL E PERFEITA VONTADE DE DEUS

"Portanto, irmãos, rogo pelas misericórdias de Deus que se ofereçam em sacrifício vivo, santo e agradável a Deus; este é o culto racional de vocês. Não se amoldem ao padrão deste mundo, mas transformem-se pela renovação da sua mente, para que sejam capazes de experimentar e comprovar a boa, agradável e perfeita vontade de Deus."
Romanos 12:1,2

Nós precisamos estar vigiantes diariamente, com o nosso modo de agir e de pensar. Devemos buscar o equilíbrio e buscar fazer tudo conforme a vontade de Deus e Seus ensinamentos. Jesus deve ser o modelo a ser seguido, o modelo de inspiração para as nossas vidas.

Dedique seu tempo a Deus, tenha disposição para aprender mais Dele, não se conforme com o que o mundo lhe apresenta. Experimente e comprove a boa, agradável e perfeita vontade de Deus.

Oração: ore agradecendo a Deus por mais um dia, por permitir a transformação da sua mente diariamente; peça a Ele que não deixe você se conformar com o padrão do mundo, que você aprenda a se espelhar diariamente em Jesus e que sempre haja disposição em seu coração para a mudança, para o novo que Deus tem para a sua vida.

Tarefa do dia: escreva um motivo pelo qual você é grato(a) hoje:

_____

_____

Que você tenha um excelente dia e que Deus o(a) abençoe grandemente!

03 de março

VOCÊ EXPERIMENTARÁ TODA GRAÇA E BONDADE DE DEUS EM SUA VIDA

"Provai, e vede que o Senhor é bom; bem-aventurado o homem que Nele confia."

Salmos 34:8

Você não está sozinho, Deus é o seu refúgio, em todo tempo.

Deus nos dá felicidade mesmo em meio à tempestade, porque sabemos que Nele encontramos refúgio.

Caminhe com Deus e você experimentará toda graça e bondade que Ele tem para a sua vida. Confie!

Oração: ore agradecendo a Deus por Ele ser o seu refúgio em todo tempo e trazer alegria em seu coração, mesmo em meio à tempestade.

Tarefa do dia: escreva um motivo pelo qual você é grato(a) hoje:

_____

_____

Que você tenha um excelente dia e que Deus o(a) abençoe grandemente!

04 de março

O SENHOR RESTAURARÁ A SUA SORTE

"Aqueles que semeiam com lágrimas, com cantos de alegria colherão.
Aquele que sai chorando enquanto lança a semente, voltará com cantos de alegria, trazendo os seus feixes."
Salmos 126:5,6

Não comece a pisar na terra que você está semeando. Tenha paciência! As suas lágrimas estão regando as sementes que se transformarão em colheita de alegria.

Tenha fé, seja obediente, pois o Senhor restaurará a sua sorte.

Oração: ore agradecendo a Deus por Ele restaurar a sua sorte e lhe dar muito mais do que você pode imaginar.

Tarefa do dia: escreva um motivo pelo qual você é grato(a) hoje:

_____

_____

Que você tenha um excelente dia e que Deus o(a) abençoe grandemente!

05 de março

VOCÊ NÃO ESTÁ SOZINHO

"Então, Ageu, o enviado do Senhor, falou ao povo, segundo a mensagem do Senhor, dizendo: 'Eu sou convosco, diz o Senhor.'"

Ageu 1:13

Receba a promessa da presença de Deus na sua vida.

A melhor bênção que você pode ter é a presença de Deus.

Esteja com quem sempre está com você, todos os dias.

Sinta a presença de Deus diariamente em sua vida, você não está sozinho, Deus está contigo.

Oração: ore agradecendo a Deus por Ele estar presente em sua vida, por estar na luta diária com você, por não abandonar você em nenhuma circunstância.

149

Tarefa do dia: escreva um motivo pelo qual você é grato(a) hoje:

_____

_____

Que você tenha um excelente dia e que Deus o(a) abençoe grandemente!

06 de março

DEUS MULTIPLICARÁ AS SUAS CONQUISTAS

"Aquele que supre a semente ao que semeia e o pão ao que come também lhes suprirá e multiplicará a semente e fará crescer os frutos da sua justiça."

2 Coríntios 9:10

Deus suprirá todas as suas necessidades, Ele lhe dará abundância e você generosamente poderá aliviar a necessidade do outro.

Deus se encarregará de tudo, não se preocupe.

O que é para você chegará, ninguém pode impedir.

Oração: ore agradecendo a Deus por Ele suprir todas as suas necessidades e lhe dar abundância em todas as áreas da sua vida.

Tarefa do dia: escreva um motivo pelo qual você é grato(a) hoje:

_____

_____

Que você tenha um excelente dia e que Deus o(a) abençoe grandemente!

07 de março

DEUS RENOVARÁ AS SUAS FORÇAS E LHE DARÁ A VITÓRIA

"Mas os que esperam no Senhor renovam as suas forças, sobem com asas como águias, correm e não se cansam, caminham e não se fatigam."

Isaías 40:31

Hoje você pode estar sem ânimo, sem forças, sem perspectiva, sem esperança... Sabe por quê?

Porque você está buscando a solução dos seus problemas nos homens, em situações, nas coisas...

Busque-a em Deus, pois só Ele pode renovar as suas forças e lhe dar a vitória.

Oração: ore agradecendo a Deus por Ele renovar as suas forças, por Ele o(a) fortalecer quando você já não tem mais forças; peça a Ele que você tenha paciência e saiba esperar o tempo e o agir Dele em sua vida.

153

Tarefa do dia: escreva um motivo pelo qual você é grato(a) hoje:

_____

_____

Que você tenha um excelente dia e que Deus o(a) abençoe grandemente!

08 de março

EXPERIMENTE A PAZ QUE EXCEDE TODO O ENTENDIMENTO

"Deixo com vocês a paz. É a minha paz que eu lhes dou;
não lhes dou a paz como o mundo a dá. Não fiquem aflitos,
nem tenham medo."

João 14:27

A paz é o presente que Jesus nos deixa, não como a paz que encontramos no mundo, se é que no mundo podemos encontrar paz.

A paz Dele excede todo o entendimento.

Deus nos deixou a segurança e a convicção de que, mesmo passando por lutas e sofrimentos, sabemos que Ele nos livrará de todo o mal.

Oração: ore agradecendo a Deus por Ele lhe dar a paz que excede todo o entendimento, lhe dar a paz quando você está em uma tormenta, lhe dar a paz nos dias ruins e a esperança de dias melhores. Caso hoje você não consiga sentir essa paz, peça a Ele que lhe dê essa paz; peça e Ele a dará a você.

Tarefa do dia: escreva um motivo pelo qual você é grato(a) hoje:

_____

_____

Que você tenha um excelente dia e que Deus o(a) abençoe grandemente!

09 de março

A TEMPESTADE PASSARÁ E O SOL VOLTARÁ A BRILHAR

"Pois a nossa alma está abatida até ao pó, e o nosso corpo, como que pegado no chão. Levanta-te para socorrer-nos, e resgate-nos por amor da Tua benignidade."

Salmos 44:25,26

Às vezes, sentimos que estamos no limite da nossa dor, a nossa alma fica abatida, parece que não conseguimos ver solução para os nossos problemas ou que as promessas do Senhor não se cumprirão. É nesses momentos que devemos buscar Deus em oração.

Quando estamos em comunhão com Ele, encontramos conforto em Sua palavra e em Suas promessas, e nos sentimos mais animados a seguir. Ele vai nos sustentando, nos amparando, nos consolando. Na palavra de Deus, podemos encontrar a resposta para todos os nossos problemas.

Busque o Senhor em oração, porque, no tempo certo, a provisão de Deus chegará, pois Deus é um Deus de amor, de bondade e de generosidade.

brilhar! Confie! A tormenta passará e o sol voltará a

Oração: ore agradecendo a Deus por mais um dia, por mais uma oportunidade; peça a Ele que tire toda a tristeza, todo o medo, toda a dúvida do seu coração, que Ele renove a sua maneira de pensar, que você consiga encontrar a resposta para todos os seus problemas na palavra Dele, que você não perca em nenhum momento a fé e a esperança.

Tarefa do dia: escreva um motivo pelo qual você é grato(a) hoje:

_____

_____

Que você tenha um excelente dia e que Deus o(a) abençoe grandemente!

SE DEUS É POR NÓS, QUEM SERÁ CONTRA NÓS?

"Que diremos, pois, à vista destas coisas?
Se Deus é por nós, quem será contra nós?"

Romanos 8:31

Todos os nossos inimigos se tornam pequenos diante da proteção de Deus. Não tema. Nada nem ninguém poderá prejudicar você, pois Deus é contigo. Ele é o seu escudo e protegerá você de todo mal. Lembre-se de que tudo coopera para o bem daqueles que amam a Deus.

Oração: ore agradecendo a Deus por Sua proteção, por não deixar que nenhum mal atinja você; peça a Ele que tire toda a insegurança e o medo do seu coração e que você possa se sentir forte e confiante.

Tarefa do dia: escreva um motivo pelo qual você é grato(a) hoje:

_____

_____

Que você tenha um excelente dia e que Deus o(a) abençoe grandemente!

11 de março

ACREDITE QUE O MELHOR VAI ACONTECER, E O MELHOR ACONTECERÁ

"Por isso eu afirmo a vocês: quando vocês orarem e pedirem alguma coisa, creiam que já a receberam, e assim tudo lhes será dado."

Marcos 11:24

De acordo com a palavra de Deus, nós devemos crer para ter, e não ter para crer.

Deus responde a sua fé; a fé é uma ação, a ação de crer.

Acredite que o melhor vai acontecer, e o melhor acontecerá!

Oração: ore agradecendo a Deus por mais um dia, por derramar bênçãos sem medidas sobre a sua vida; peça a Ele que tire toda a dúvida do seu coração. Ore, agora, pedindo algo que você deseja, e, a partir de agora, viva como se você já tivesse recebido esse pedido. Você perceberá uma mudança muito grande em sua vida – e, logo, terá o que você pediu. Experimente!

Tarefa do dia: escreva um motivo pelo qual você é grato(a) hoje:

_____

_____

Que você tenha um excelente dia e que Deus o(a) abençoe grandemente!

12 de março

SE A LUTA ESTÁ GRANDE, A SUA VITÓRIA
SERÁ MAIOR

"Não temas, porque eu sou contigo; não te assombres,
porque eu sou o teu Deus; eu te fortaleço, e te ajudo, e te
sustento com a minha destra."

Isaías 41:10

Deus está contigo, não tema. Ele ama você e não o(a) abandonará. Deus está no controle de toda a situação. Se a luta está grande, pode ter certeza de que a sua vitória será ainda maior.

Não tema!

Confie e espere, pois a provisão de Deus é certa.

Oração: ore agradecendo a Deus por Ele não abandonar você, por estar com você em todo tempo; peça a Deus que tire todo o medo e toda a solidão do seu coração, para que você possa sentir a proteção de Deus em sua vida.

Tarefa do dia: escreva um motivo pelo qual você é grato(a) hoje:

_____

_____

Que você tenha um excelente dia e que Deus o(a) abençoe grandemente!

13 de março

NINGUÉM PODE AMALDIÇOAR O QUE DEUS ABENÇOOU

"Toda arma forjada contra ti não prosperará. Toda língua que ousar contra ti em juízo, tu a condenarás; esta é a herança dos servos do Senhor e o seu direito que de mim procede, diz o Senhor."

Isaías 54:17

Não se preocupe com aqueles que não querem o seu bem e que falam mentiras a seu respeito; nenhuma palavra na sua vida pode ser mais forte do que a palavra de Deus.

Não se preocupe, Deus protegerá você de todo mal. Ninguém pode amaldiçoar o que Deus abençoou!

Oração: ore agradecendo a Deus por Ele proteger você da língua enganadora, daqueles que não querem o seu bem; peça a Ele que preencha o seu coração com a paz e com a certeza de que nenhum mal atingirá você.

Tarefa do dia: escreva um motivo pelo qual você é grato(a) hoje:

_____

_____

Que você tenha um excelente dia e que Deus o(a) abençoe grandemente!

14 de março

DEUS É FIEL

"Atenta para a minha aflição e livra-me pois não me esqueço da tua lei. Defende a minha causa e liberta-me; vivifica-me, segundo a tua promessa."

Salmos 119:153,154

Em tempo de aflição, ore a Deus, pois Ele lhe dará ânimo para seguir adiante. A palavra de Deus nos dá ânimo, nos consola em tempos de angústia.

Acredite na promessa que Deus tem para a sua vida.

Dure o que durar a sua angústia, haverá livramento, porque Deus é fiel!

Oração: ore agradecendo a Deus por ser fiel; peça a Ele que tire toda a angústia, toda a preocupação da sua vida; peça a Ele ânimo para seguir em frente, para que você possa realizar tudo aquilo que Ele colocou no seu coração.

167

Tarefa do dia: escreva um motivo pelo qual você é grato(a) hoje:

_____

_____

Que você tenha um excelente dia e que Deus o(a) abençoe grandemente!

15 de março

O SEU SOCORRO VIRÁ DO SENHOR

"Elevo os olhos para os montes: de onde me virá o
socorro?
O meu socorro vem do Senhor, que fez o céu e a terra.
Ele não permitirá que os teus pés vacilem; não dormitará
aquele que te guarda.
É certo que não dormita, nem dorme o guarda de Israel.
O Senhor é quem te guarda; o Senhor é a tua sombra à tua
direita.
De dia não te molestará o sol, nem de noite, a lua.
O Senhor te guardará de todo mal; guardará a tua alma.
O Senhor guardará a tua saída e a tua entrada, desde
agora e para sempre."

Salmos 121

Esse salmo é maravilhoso, pois conforta o nosso coração e nos dá a certeza de que Deus está cuidando de nós o tempo todo e cuidando de todos os detalhes. Mostra também que não devemos temer, que devemos acreditar e confiar na fidelidade de Deus.

O seu socorro vem do Senhor, Ele não permitirá nenhum mal na sua vida.

169

Ele estará contigo em todo tempo, agora e sempre! Creia!

Oração: ore agradecendo a Deus por Sua fidelidade e Sua proteção; peça a Ele que lhe dê confiança em Sua palavra e em Suas promessas, que tire tudo aquilo que está em sua vida que impede você de ver a grandiosidade e a fidelidade de Deus.

Tarefa do dia: escreva um motivo pelo qual você é grato(a) hoje:

_____

_____

Que você tenha um excelente dia e que Deus o(a) abençoe grandemente!

16 de março

ANDE CONFORME A VONTADE DE DEUS

"Bem-aventurado o homem que não anda no conselho dos
ímpios,
não se detém no caminho dos pecadores, nem se assenta na
roda dos escarnecedores. Antes, o seu prazer está na lei
do Senhor, e na Sua lei medita de dia e de noite.
Ele é como árvore plantada junto a corrente de águas,
que, no devido tempo, dá o seu fruto, e cuja folhagem não
murcha;
e tudo quanto Ele faz será bem-sucedido.
Os ímpios não são assim; são, porém, como a palha que o
vento dispersa. Por isso, os perversos não prevalecerão no
juízo, nem os pecadores, na congregação dos justos.
Pois o Senhor conhece o caminho dos justos, mas o
caminho dos ímpios perecerá."

Salmos 1

Evite estar em lugares e com pessoas que
distanciam você da presença e da verdade de Deus. Procure
andar conforme a vontade de Deus e medite em Sua palavra
o tempo todo.

Sempre que você for tomar alguma decisão,
busque o Senhor, busque tomar decisões que estejam de

171

acordo com a palavra de Deus, pois, assim, você terá sucesso.

Oração: ore agradecendo a Deus por mais um dia; peça a Ele que abra os seus olhos e a sua mente para você caminhar conforme a vontade Dele, que você não se desvie do caminho Dele, que você possa tomar decisões com sabedoria, que você tenha o sucesso que Ele quer que você tenha em todas as áreas da sua vida.

Tarefa do dia: escreva um motivo pelo qual você é grato(a) hoje:

_____

_____

Que você tenha um excelente dia e que Deus o(a) abençoe grandemente!

17 de março

AGRADEÇA E ALEGRE-SE NO SENHOR

"Grandes coisas fez o Senhor por nós, e, por isso, estamos alegres."

Salmos 126:3

Hoje, você já agradeceu a Deus por tudo que Ele fez e faz na sua vida ou você está focando no que lhe falta, naquilo que ainda não chegou?

Experimente fazer uma lista de tudo o que Deus já fez na sua vida, e você se surpreenderá.

Aprenda a ter um coração grato.

Agradeça e alegre-se no Senhor!

Oração: ore agradecendo a Deus por mais um dia, por tudo o que Ele já fez em sua vida; peça a Ele que lhe dê um coração grato e que você possa ter gratidão em todo tempo.

173

Tarefa do dia: escreva um motivo pelo qual você é grato(a) hoje:

_____

_____

Que você tenha um excelente dia e que Deus o(a)

abençoe grandemente!

DEUS SUPRIRÁ TODAS AS SUAS NECESSIDADES

"Busquem, pois, em primeiro lugar o Reino de Deus e a sua justiça, e todas essas coisas lhes serão acrescentadas."

Mateus 6:33

Devemos priorizar Deus em nossa vida, buscar Deus em primeiro lugar, dando a Ele a posição central em nossa vida.

Em algumas circunstâncias, nos afastamos de Deus e, às vezes, sentimos que tudo está fora do lugar; queremos dar o passo, mas não vemos o chão; algo parece que não está bem. Tenha certeza de que, quando isso acontece, é porque Deus não está no lugar certo em nossa vida.

Coloque Deus sempre no lugar certo em sua vida e você desfrutará do Seu cuidado e de todas as bênçãos que Ele tem para você.

Oração: ore agradecendo a Deus por Ele estar sempre com você, estar sempre disponível e pronto para redirecionar os seus passos; peça a Ele que você tenha sabedoria, que você consiga colocá-Lo no lugar certo em sua vida, que você não se desvie do seu caminho, não se deixe levar por tantos afazeres e se esqueça que Ele é a prioridade em sua vida.

Tarefas do dia:

• Consulte a sua lista de afazeres e verifique se a sua prioridade está sendo Deus.

• Escreva um motivo pelo qual você é grato(a) hoje:

_____

_____

Que você tenha um excelente dia e que Deus o(a) abençoe grandemente!

19 de março

VOCÊ COLHERÁ EM ABUNDÂNCIA TUDO O QUE VOCÊ PLANTAR

"Não julguem e vocês não serão julgados. Não condenem e não serão condenados. Perdoem e serão perdoados. Deem e lhes será dado: uma boa medida, calcada, sacudida e transbordante será dada a vocês. Pois a medida que usarem também será usada para medir vocês."

Lucas 6:37,38

Não julgue para não ser julgado, pare de falar do outro, perdoe, foque em você e na sua vida. Deixe Deus agir na sua vida e na vida do outro. Pare de querer mudar o que apenas Deus pode mudar. Perdoe!

Faça para o outro o que você gostaria que o outro fizesse para você, porque tudo o que você fizer para o outro será feito da mesma forma para você.

Você colherá em abundância tudo o que você plantar! Pense nisso!

Oração: ore agradecendo a Deus por Sua misericórdia; peça a Ele que você consiga perdoar todas as pessoas que o(a) feriram; peça a Ele que tire do seu coração as mágoas e os ressentimentos.

Tarefas do dia:

• Em uma folha de papel, escreva o nome das pessoas que magoaram você, das que você precisa perdoar. Em seguida, leia o nome de cada uma e repita essa frase: "(nome), eu o(a) perdoo, eu libero perdão para a sua vida, o que você me fez faz parte do passado, não me machuca mais; a partir de hoje, o que ficou foi uma cicatriz, e não uma ferida".

Repita isso pelo menos 3 vezes para cada pessoa que você precisa perdoar. Depois, queime a folha de papel em que você escreveu os nomes.

Para complementar, coloque uma música bem tranquila, respire fundo, inspire e expire profundamente, e repita as palavras paz e amor. Sinta o amor e a paz preenchendo cada espaço do seu corpo. Sinta o amor de Deus preenchendo todas as lacunas do seu ser e, então, repita essa frase: "Eu estou curado(a) de toda ferida do meu passado, o meu corpo está repleto do amor e da paz de Deus, eu estou livre do meu passado, o meu passado não tem nenhum peso sobre mim".

Faça o exercício do perdão sempre que você precisar em sua vida, pois o peso da falta do perdão é o fracasso em várias áreas da sua vida. Não deixe a falta de perdão derrotar você, pois você nasceu para vencer.

• Escreva um motivo pelo qual você é grato(a) hoje:

_____

_____

Que você tenha um excelente dia e que Deus o(a) abençoe grandemente!

20 de março

TUDO CONTRIBUI PARA O SEU BEM

"E sabemos que todas as coisas contribuem juntamente
para o bem daqueles que amam a Deus, daqueles que são
chamados segundo o seu propósito."

Romanos 8:28

Tudo o que você está vivendo hoje, seja bom ou ruim, tem um propósito, nada é por acaso.

Tudo contribuirá para o seu bem. Você pode não entender isso hoje, mas Deus está no controle.

Lá na frente, você entenderá.

Ame a Deus, confie na direção Dele, Ele sempre fará o melhor para você.

Oração: ore agradecendo a Deus por mais um dia, por Seu cuidado, por todas as coisas que Ele fez e fará por você, por Ele estar cuidando de você, mesmo quando você não consegue entender a situação que está vivendo; agradeça, porque tudo tem um propósito.

Tarefa do dia: escreva um motivo pelo qual você é grato(a) hoje:

_____

_____

Que você tenha um excelente dia e que Deus o(a) abençoe grandemente!

21 de março

DEUS VAI TRANSFORMAR A SUA DOR E O SEU SOFRIMENTO EM BÊNÇÃOS

"Então, me perguntou: 'Filho do homem, acaso, poderão reviver estes ossos?'. Responde: 'Senhor Deus, tu o sabes.'"

Ezequiel 37:3

Apenas Deus pode renovar e restaurar a sua esperança. A esperança vem da presença do Senhor em sua vida, da Sua palavra.

Não importa o tamanho do seu problema; o que importa é o tamanho do seu Deus.

Deus restaurará a sua esperança e trará vida para onde havia apenas ossos secos. Deus transformará as suas dores e os seus sofrimentos em bênçãos.

Oração: ore agradecendo a Deus por Ele trazer esperança ao seu coração, por transformar as suas dores e os seus

183

sofrimentos em bênçãos; peça a Ele que tire todo o medo e toda a dúvida do seu coração, e que lhe dê paciência e sabedoria para passar pelos obstáculos com os quais você se depara a cada dia.

Tarefa do dia: escreva um motivo pelo qual você é grato(a) hoje:

_____

_____

Que você tenha um excelente dia e que Deus o(a) abençoe grandemente!

BUSQUE DEUS, ELE QUER CONSOLAR O SEU CORAÇÃO

"Bendito seja o Deus e Pai de nosso Senhor Jesus Cristo, o Pai das misericórdias e o Deus de toda a consolação."

2 Coríntios 1:3

Você não precisa passar pelas provas sem ajuda. Deus é um Deus de misericórdia, Nele você encontrará consolo para seguir em frente.

Busque Deus, Ele quer consolar o seu coração.

Oração: ore agradecendo a Deus por mais uma oportunidade e por Ele escutar você, abra o seu coração a Ele nesse momento, coloque diante do trono do Senhor todas as suas angústias, todos os seus medos, tudo aquilo que não lhe faz bem; Ele consolará você.

Tarefa do dia: escreva um motivo pelo qual você é grato(a) hoje:

_____

_____

Que você tenha um excelente dia e que Deus o(a) abençoe grandemente!

23 de março

TENHA FÉ E TOME POSSE DO MILAGRE DE DEUS EM SUA VIDA

"Muitas são as aflições do justo, mas o Senhor de todas o livra."

Salmos 34:19

Deus livrará você de todas as suas aflições, e todas as Suas promessas se cumprirão em sua vida. Nós tomamos posse do milagre pela fé. Tenha fé, e tome posse do milagre na sua vida.

Oração: ore agradecendo a Deus por Ele livrar você de todas as aflições; peça a Ele que aumente a sua fé, e tome posse do milagre que Deus fará em sua vida.

Tarefa do dia: escreva um motivo pelo qual você é grato(a) hoje:

_____

_____

Que você tenha um excelente dia e que Deus o(a) abençoe grandemente!

VOCÊ COLHERÁ EM ABUNDÂNCIA A GENEROSIDADE DE DEUS

"E isto afirmo: aquele que semeia pouco, pouco também ceifará; e o que semeia com fartura com abundância também ceifará. Cada um contribua segundo tiver proposto no coração, não com tristeza ou por necessidade; porque Deus ama quem dá com alegria. Deus pode fazer-vos abundar em toda graça, a fim de que, tendo sempre, em tudo, ampla suficiência; superabundeis em toda boa obra, como está escrito:
'Distribuiu, deu aos pobres, a sua justiça permanece para sempre. Ora, aquele que dá semente ao que semeia e pão para alimento também suprirá e aumentará a vossa sementeira e multiplicará os frutos da vossa justiça, enriquecendo-vos, em tudo, para toda generosidade, a qual faz que, por nosso intermédio, sejam tributadas graças a Deus.'"

2 Coríntios 9:6-11

Se você quer ter abundância em todas as áreas da sua vida, faça tudo com alegria, generosidade e amor. Tenha certeza de que você colherá em abundância a generosidade de Deus.

Oração: ore agradecendo a Deus por Sua generosidade; peça a Ele que lhe dê alegria, que encha o seu coração de amor, que lhe dê sabedoria para fazer tudo o que Ele colocou em seu coração.

Tarefa do dia: escreva um motivo pelo qual você é grato(a) hoje:

_____

_____

Que você tenha um excelente dia e que Deus o(a) abençoe grandemente!

25 de março

O SENHOR É A TUA LUZ

"Nunca mais se porá o sol, nem a tua lua minguará, porque o Senhor será a tua luz perpétua, e os dias do teu luto findarão."

Isaías 60:20

Permita Deus em sua jornada, pois apenas Ele pode iluminar o seu caminho, tirar toda a tristeza do seu coração e trazer renovo sobre a sua vida.

Mesmo aceitando Jesus, nos sentimos, às vezes, tristes ou sozinhos. Quando isso acontecer, ore, volte o seu olhar e o seu foco para Deus. Se nos focarmos apenas nas circunstâncias da vida, nos perderemos em sentimentos ruins, que nos afastam da luz de Deus.

Foque em Deus e em Suas promessas, pois, assim, a alegria do Senhor será a sua força para caminhar conforme a vontade de Deus.

191

Oração: ore a Deus agradecendo pelo Seu amor, por Seu cuidado, por sempre iluminar a sua vida, por ser seu porto seguro em todo tempo, por não desistir de você em nenhum momento, por trazer alegria ao seu coração, por ser fiel; peça a Ele que lhe permita ter sempre os olhos voltados para Ele, e não para as circunstâncias.

Tarefa do dia: escreva um motivo pelo qual você é grato(a) hoje:

_____

_____

Que você tenha um excelente dia e que Deus o(a) abençoe grandemente!

DEUS PROSPERARÁ O SEU CAMINHO

*"Como prometi a Moisés, todo lugar onde puserem os pés
eu darei a vocês."*

Josué 1:3

Deus é o dono do ouro e da prata, Ele prosperará
o seu caminho, Ele cumprirá com todas as Suas promessas.

Não tema, Deus não desampara.

A providência de Deus chegará em sua vida, e
chegará em abundância.

Tome posse dessa palavra!

Oração: ore a Deus agradecendo por Ele trazer prosperidade
em todas as áreas da sua vida.

Tarefa do dia: escreva um motivo pelo qual você é grato(a) hoje:

_____

_____

Que você tenha um excelente dia e que Deus o(a) abençoe grandemente!

27 de março

NÃO SE ENGANE, O SENHOR SONDA OS CORAÇÕES

"Porém judeu é aquele que o é interiormente e circuncisão a que é do coração, no espírito; não segundo a letra, e cujo louvor não procede dos homens, mas de Deus."
Romanos 2:29

Não adianta ter conhecimento da palavra, falar de Deus, ir à igreja, mudar exteriormente, se não mudar o que realmente importa, que é o coração, pois a verdadeira mudança deve acontecer de dentro para fora.

Não se engane, o Senhor sonda os corações.

Oração: ore a Deus agradecendo por mais um dia, por sondar o seu coração, por conhecer você verdadeiramente; peça a Ele que tire do seu coração e da sua mente tudo aquilo que afasta você da sua vontade e dos projetos que Ele tem para a sua vida.

Tarefa do dia: escreva um motivo pelo qual você é grato(a) hoje:

_____

_____

Que você tenha um excelente dia e que Deus o(a) abençoe grandemente!

28 de março

QUE A SUA LÍNGUA SEJA UMA FONTE DE BÊNÇÃO, E NÃO DE PECADO

"Disse comigo mesmo: guardarei os meus caminhos, para não pecar com a língua; porei mordaça à minha boca, enquanto estiver na minha presença o ímpio."

Salmos 39:1

A língua, um pequeno órgão do corpo humano, pode trazer muita destruição. Devemos aprender a controlá-la, pois é uma das maiores fontes do pecado.

Pense antes de falar.

Que a sua língua seja uma fonte de bênção, e não de pecado.

Oração: ore a Deus agradecendo por mais um dia; peça a Ele que lhe dê sabedoria para usar as suas palavras para a bênção, e não para o pecado; peça para que cada palavra que saia da sua boca seja para a edificação.

Tarefa do dia: escreva um motivo pelo qual você é grato(a) hoje:

_____

_____

Que você tenha um excelente dia e que Deus o(a) abençoe grandemente!

O SENHOR JÁ ESCUTOU O SEU CLAMOR

"Esperei confiadamente pelo Senhor, Ele se inclinou para mim e me ouviu quando clamei por socorro."

Salmos 40:1

Confie no Senhor, Ele não falha, Ele escuta, Ele tem misericórdia, Ele cuida, Ele sustenta, Ele cumpre. Espere confiadamente pela provisão do Senhor, pois Ele já escutou o seu clamor!

Oração: ore a Deus agradecendo por Ele escutar o seu clamor, coloque diante Dele nesse momento tudo aquilo que está em seu coração; creia, Ele escutará o seu clamor.

Tarefa do dia: escreva um motivo pelo qual você é grato(a) hoje:

_____

_____

Que você tenha um excelente dia e que Deus o(a) abençoe grandemente!

30 de março

AS MÁS COMPANHIAS CORROMPEM OS BONS COSTUMES

"Não se deixem enganar: as más companhias corrompem os bons costumes."

1 Coríntios 15:33

Escolha quem fará parte da sua vida, da sua história, pois nem todos que cruzam o seu caminho precisam fazer parte da sua caminhada. Devemos respeitar todos e ter humildade, mas devemos pedir a Deus discernimento para estarmos sempre mais perto de pessoas que nos puxam para cima, e não para baixo.

São melhores companhias as pessoas que nos impulsionam em direção aos nossos objetivos e, principalmente, a estar mais perto de Deus.

Oração: ore a Deus agradecendo por Ele cuidar de você, por Ele estar com você em todo tempo; peça a Ele discernimento

201

para que você possa escolher caminhar com pessoas que edificarão a sua vida e que o(a) aproximarão mais de Deus.

Tarefa do dia: escreva um motivo pelo qual você é grato(a) hoje:

_____

_____

Que você tenha um excelente dia e que Deus o(a) abençoe grandemente!

31 de março

ORAÇÃO

"Senhor meu Deus, criador do céu e da terra, venho diante de Ti, Pai, pedir que tire de mim todas as minhas preocupações, os meus medos e as minhas angústias.

Que, no lugar desses sentimentos, o Senhor traga a paz, a confiança e a esperança.

Pai, eu lhe peço que todas as suas promessas se cumpram em minha vida, que eu possa caminhar confiante da vitória, pois a sua palavra não falha.

Gratidão pai por sua fidelidade, pelo seu amor e cuidado. Gratidão pai por esse mês que passou.

Eu agradeço e peço em nome do seu filho Jesus Cristo. Amém!"

Tarefa do dia: escreva um motivo pelo qual você é grato(a) hoje:

_____

_____

Que você tenha um excelente dia e que Deus o(a) abençoe grandemente!

CONCLUSÃO

Chegamos ao final do primeiro volume do "Devocional As Quatro Estações com Deus". Espero que você tenha aproveitado esse tempo para refletir, orar e estar na presença de Deus. Que você tenha a certeza de que Deus está cuidando de todos os detalhes em sua vida e atenderá aos desejos do seu coração.

"Confie no Senhor e faça o bem;
assim você habitará na terra
e desfrutará segurança.
Deleite-se no Senhor,
e ele atenderá aos desejos do seu coração."

Salmos 37:3-4

Adquira todos os volumes para você continuar a sua leitura diária.

Que Deus o(a) abençoe grandemente!

BIBLIOGRAFIA

Bíblia Almeida Revista e Corrigida Bíblia Sagrada (ARC). 4. ed. Barueri: Sociedade Bíblica do Brasil, 2010.

Bíblia de Estudos e Sermões de Charles Haddon Spurgeon: Nova Versão Transformadora. 1. ed. Curitiba: Publicações Pão Diário, 2018.

Bíblia de Estudo Nova Versão Transformadora (NVT). 1. ed. São Paulo: Mundo Cristão, 2018.

Bíblia Nova Versão Internacional (NVI). 1. ed. Rio de Janeiro: Thomas Nelson Brasil, 2017.

Bíblia Sagrada Almeida Corrigida Fiel (ACF). 1. ed. São Paulo: Geográfica Editora, 2020.

Bíblia Sagrada Almeida Revista e Atualizada (ARA). 2. ed. Barueri: Sociedade Bíblica do Brasil, 1993.

Bíblia Sagrada Nova Almeida Atualizada (NAA). 3. ed. Barueri: Sociedade Bíblica do Brasil, 2017.

Bíblia Sagrada Nova Tradução na Linguagem de Hoje (NTLH). Barueri: Sociedade Bíblica do Brasil, 2018.

Bíblia Shedd. Tradução de João Ferreira de Almeida. 2. ed. São Paulo: Vida Nova, 1997.

Bíblia King James (BKJ) 1611 com Estudo Holman. 4. ed. São Paulo: Bvbooks, 2020.

Printed in Poland
by Amazon Fulfillment
Poland Sp. z o.o., Wrocław